Vente du Samedi 12 Juin 1909

HOTEL DROUOT — SALLE N° 9

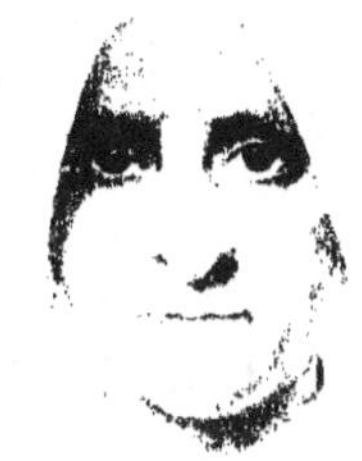

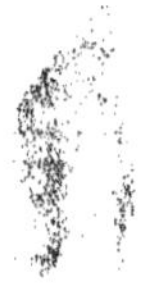 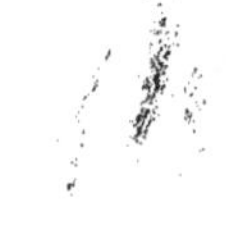

N° 48 du Catalogue.

ESTAMPES

ET

DESSINS MODERNES

Me ANDRÉ DESVOUGES. MM. LOYS DELTEIL et de SAINT-JORRE.

IMPRIMERIE

FRAZIER-SOYE

153-155-157, Rue Montmartre

PARIS

CATALOGUE

DES

ESTAMPES

ET DES

DESSINS MODERNES

ŒUVRES DE

CECIL ALDIN, H. DAUMIER, C. F. GAILLARD, etc.

Composant la Collection de feu M. P. M.

Dont la vente aura lieu

à Paris, HOTEL DROUOT, Salle N° 9

Le Samedi 12 Juin 1909

à 2 heures précises

Par le Ministère de Me ANDRÉ DESVOUGES,

COMMISSAIRE-PRISEUR

26, Rue de la Grange-Batelière

ASSISTÉ DE MM.

LOYS DELTEIL   DE SAINT-JORRE

2, Rue des Beaux-Arts   *91, Rue de Richelieu*

CONDITIONS DE LA VENTE

Elle sera faite au comptant.

Les adjudicataires paieront *dix pour cent* en sus des enchères.

M. Loys Delteil remplira les commissions que voudront bien lui confier les amateurs ne pouvant y assister.

MM. les amateurs pourront visiter la collection, 2, *rue des Beaux-Arts*, du Mardi 8 au Vendredi 11 Juin 1909, de 2 heures à 5 heures.

DÉSIGNATION

ALDIN (Cécil)

1. The Fallowfield Hunt. Suite de six grandes planches, tirées en couleurs, *signées*.

2. Horses and Riders. Suite de six planches, tirées en couleurs, *signées*.

3. The Bluemarket Races. Suite de six grandes pièces, tirées en couleurs, sur japon, *signées*.

4. Here is to the hound... Très belle épreuve tirée en couleurs, *signée*.

5. Going well — Trouble ahead. Deux pièces tirées en couleurs, une *signée*.

6. 12 Drawings in colours. Scènes d'Enfants et d'Animaux domestiques. Suite de douze planches en forme de frise, tirées en couleurs.

7. Normandy friezes. Suite de six planches en forme de frise, tirées en couleurs.

8. *Sporting Simpson.* — Paris, Goupil, s. d. Suite de six planches tirées en couleurs, signées, dans le cartonnage de publication.

9. En Flagrant délit, photogravure, épreuve *avant la lettre, signée*.

BESNARD (A.) — HYDE

10. Etudes pour l'Ile Heureuse — Fantaisie japonaise. Deux pièces, *signées*.

BOUTET DE MONVEL (Bernard)

11. L'Homme au chien — Le jeu de Kolf? Deux pièces. Très belles épreuves, *imp. en couleurs, signées*.

12. La Nuit — La Rue de la Paix — La Charette. Très belles épreuves, *imp. en couleurs, signées*.

BRISSAUD (P.)

13. Cavalier de jadis. Très belle épreuve, imp. en couleurs, *signée*.

DAUMIER (Honoré)

14. Célébrités de la Caricature : d'Argout (Hazard et Loys Delteil, 4) — Dupin (62) — Lameth (111) — Persil (149 *bis*) — Soult (178). Suite complète de 5 pl. Très belles épreuves sur chine (piqûres à 1 pl.).
On y a joint le portrait de Daumier, par Boulard.

15. Argout (d'), en buste (4) — Dumas (60) — Fulchiron (82) — Jollivet (103) — Gros Cupide, va! (266). Cinq pièces. Belles épreuves, une sur chine.

16. Berger (17). Très belle et très rare épreuve du 1er état, *avant la lettre*.

17. Changarnier (30). Très belle et très rare épreuve du 1er état, *avant la lettre*.

18. Glais-Bizoin (89). Très belle et très rare épreuve du 1er état, *avant la lettre*.

19. Grandin (92). Très belle et très rare épreuve du 1er état, *avant la lettre*.

20. Lacrosse (107). Très belle et très rare épreuve du 1er état, *avant la lettre*.

21. Senard (176). Très belle et très rare épreuve du 1er état, *avant la lettre*.

22. Juges des Accusés d'Avril : 3 pl. triples : Portalis, Bassano, Montlosier — Girod, Rousseau, Ver-huel, etc. Belles épreuves sur chine.

23. Etienne (68) — Fulchiron (82) — Guizot (97) — Prunelle (157) — Masques de 1831 (250). Cinq pièces. Belles épreuves sur chine.

24. Nous n'avons plus besoin de vous (211 RR). Belle épreuve, *coloriée*.

25. Primo saignare.... (260). Belle épreuve.

26. Un rentier des bons royaux. Un rentier des Cortès (272). Très belle épreuve sur chine.

27. Les Amis (588-596), 9 pl. (complet) — Les Annonces (597-598), 2 pl. (complet) — Les Comédiens de Société — Croquis dramatiques — L'Exposition Universelle, 1855, suite complète de 41 pl. (1745-1785) — Physionomies tragico-classiques (2350-2363), 15 pl. — Scènes grotesques (2535-2540), 6 pl. complèt. Ensemble 110 pl. Belles épreuves (texte au verso).

28. L'Escalier du Palais de Justice, par A. Prunaire. Très belle épreuve, *imp. en couleurs, signée.*

DIVERS

29. Lion assis, par G. Doré — Portrait, par L. Français — Calendriers pour 1879, 1881 et 1882, par H. Somm — La Rafle, par Steinlen. Six pièces. Belles épreuves.

FORTUNY (Mariano)

30. Idylle (4) — Garde de la Casbah, à Tetuan (5) — Tireuse de cartes (6), etc. Huit pièces, y compris 4 fac-simile. Très belles épreuves.

GAILLARD (C. F.)

31. Mgr Bouvier (11). Belle épreuve, *avant la lettre*, sur chine.

32. Le Condottière, d'apr. Antonello de Messine (15).
Deux très belles épreuves, une *avant la lettre,
avec la signature à la pointe*.

33. Œdipe, d'apr. Ingres (24) — Mgr de Mérode (37).
Deux pièces. Belles épreuves sur chine, la 1re
avant la lettre.

34. L'Homme à l'œillet, d'apr. Van Eyck (25). Superbe
et rare épreuve, *avant la lettre, le nom du graveur tracé à la pointe*. Sur chine.

35. Dante (27). Très belle épreuve, *avant la lettre*, sur
chine.

36. Pie IX, Pape (31). Superbe épreuve d'état, *avant* la
lettre en marge, *avec essais* de pointe.

37. St Sébastien (34). Très belle épreuve, *avant la
lettre*, sur chine.

38. La Tête de cire (35). Très belle épreuve, *avant la
lettre*, sur chine.

39. Dom Prosper Guéranger (38). Très belle épreuve,
avant la lettre, sur chine.

40. Léon XIII, Pape (39). Deux belles épreuves, une
(partielle) *d'état*, la seconde *avec dédicace*.

41. La même estampe. Très belle épreuve sur chine.

42. Mgr Pie (40). Belle épreuve, *avant la lettre*.

43. Le Père Hubin (42). Très belle épreuve *avant la
lettre, avec remarque*, sur chine.

44. Les Pèlerins d'Emmaüs, d'apr. Rembrandt (43).
Superbe et rare *épreuve d'essai, avant toute
lettre*.

45. St Georges, d'apr. Raphaël (45). Très belle épreuve,
avant la lettre, sur japon.

46. La même estampe, en même état, sur chine, *signée*.

47. Mgr Billard (47). Très belle épreuve, *avant la lettre
et avant les armes*, sur chine.

48. Sœur Rosalie (48). Très belle épreuve, *avant la lettre, avec remarque*, sur chine.

49. M. de Zvénigorodskoi (49) — L'Homme à l'œillet, d'apr. Van Eyck (25) — Le Crépuscule, d'apr. Michel-Ange (32). Trois pièces. Belles épreuves.

GAVARNI

50. Bourmancé (4 RRR). Très belle épreuve sur chine.

51. Ch. Chandellier (17 RRR) — La Garrigue (43 RRR). Deux pièces. Belles épreuves sur chine, la seconde avec dédicace de La Garrigue.

52. Henri Monnier (51). Belle et très rare épreuve d'un Ier état, *non décrit, avant* le nom de l'imprimeur. Sur chine. Collection Giacomelli.

53. A Higland piper (1567, 2e état) — Physionomies parisiennes, pl. 25 (1874, Ier état). Deux pièces. Belles épreuves, *avant la lettre*.

54. Eugène Crétet (84) — Old Nick (Émile Forgues) (86). Deux pièces. Très belles épreuves du Ier état, *avant la lettre*, sur chine.

55. La Présentation (Nuits de Paris), par Charpentier. Très belle épreuve sur chine.

MŒ (Louis)

56. Fluen. Suite de 4 pl. sous couverture. Très belles épreuves, *signées*.

57. Amor — Le Fou et les Corbeaux — Til Bloksbjorg — St Antonius. Quatre pièces. Très belles épreuves sur japon, *signées*.

58. Allégories et Scènes de Fantaisie. Huit pièces. Très belles épreuves, *signées*, plusieurs *imp. en couleurs*.

59. Idyl — Scènes d'Animaux — Nymphe et Ours, etc. Neuf pièces. Très belles épreuves, sur japon, *signées*.

MONNIER (Henry)

60. Scènes populaires, pl. 1 (et 2 ?) — Clubs de Fermiers, 2 épr. *coloriées*. On y a joint Costumes Bourbonnais, 1 pl. — 20 pl. des *Français peints par eux-mêmes*, et 28 fumés d'illustrations, sur chine.

NEUVILLE (Alph. de)

61. Mobiles à la tranchée, siège de Paris. Deux belles épreuves, une *avant la lettre*.

NICHOLSON (William)

62. Lord Roberts. 2 épreuves — *Though others'...* — *Without the door...* — Quatre pièces. Belles épreuves.

RENOUARD (Paul)

63. Un Pas d'Examen. Très belle épreuve, *signée* et *timbrée*.

SEM

64. Retour de Lonchamps.

SEM — BARRÈRE

65. L'Escalier de la Tribune du Jockey-Club, à Longchamps, 2 épreuves — Sommités chirurgicales. Quatre pièces.

STEINLEN (Th. A.)

66. Le Retour du lavoir. Très belle épreuve, *imp. en couleurs*, sur japon, *signée*.

67. Les trois Ouvrières. Très belle épreuve, *tirée en 2 tons, numérotée*.

SULPIS (Emile)

68. L'Homme au verre de vin, d'après Van Eyck. Très belle épreuve, *avant la lettre, le nom du graveur tracé à la pointe, numérotée*.

TAQUOY (Maurice)

69. La Journée des Drags, 1906. Très belle épreuve sur japon, *signée* (n° 5).

70. L'Entraînement à Maisons-Laffitte — La Rencontre. Deux pièces. Très belles épreuves, *signées* et *numérotées.*

71. Cerf et biches, l'hiver. Très belle épreuve, *imp. en couleurs, signée.*

VOITURES

72. Voitures diverses. Dix pièces, par Aubry, V. Adam, Loeillot, etc. Belles épreuves, la plupart *coloriées.*

DESSINS

BIDA (Alexandre)

73. Etudes d'Arabes. Trois dessins au crayon noir. On y a joint un eau-forte, d'apr. Bida et 2 fac-simile.

FLORÈS (Ricardo)

74. *Ben mon vieux Prosper....* — *Les Réservoirs : Vieux Souvenirs.* Deux dessins rehaussés d'aquarelle, *signés.*

MONNIER (Henry)

75. Première idée de l'*Education du Serin*, du *Maçon*, etc. Trois croquis à la mine de plomb.

POULBOT

76. *Quand on sait se débrouiller....* — *Un renseignement utile* — *En v'la un....* — *La Patrouille* — *T'en as une tête de loup!...* — *Pilefer! venez voir....* Six dessins, *signés.*

IMPRIMERIE

FRAZIER-SOYE

153-157, Rue Montmartre

PARIS